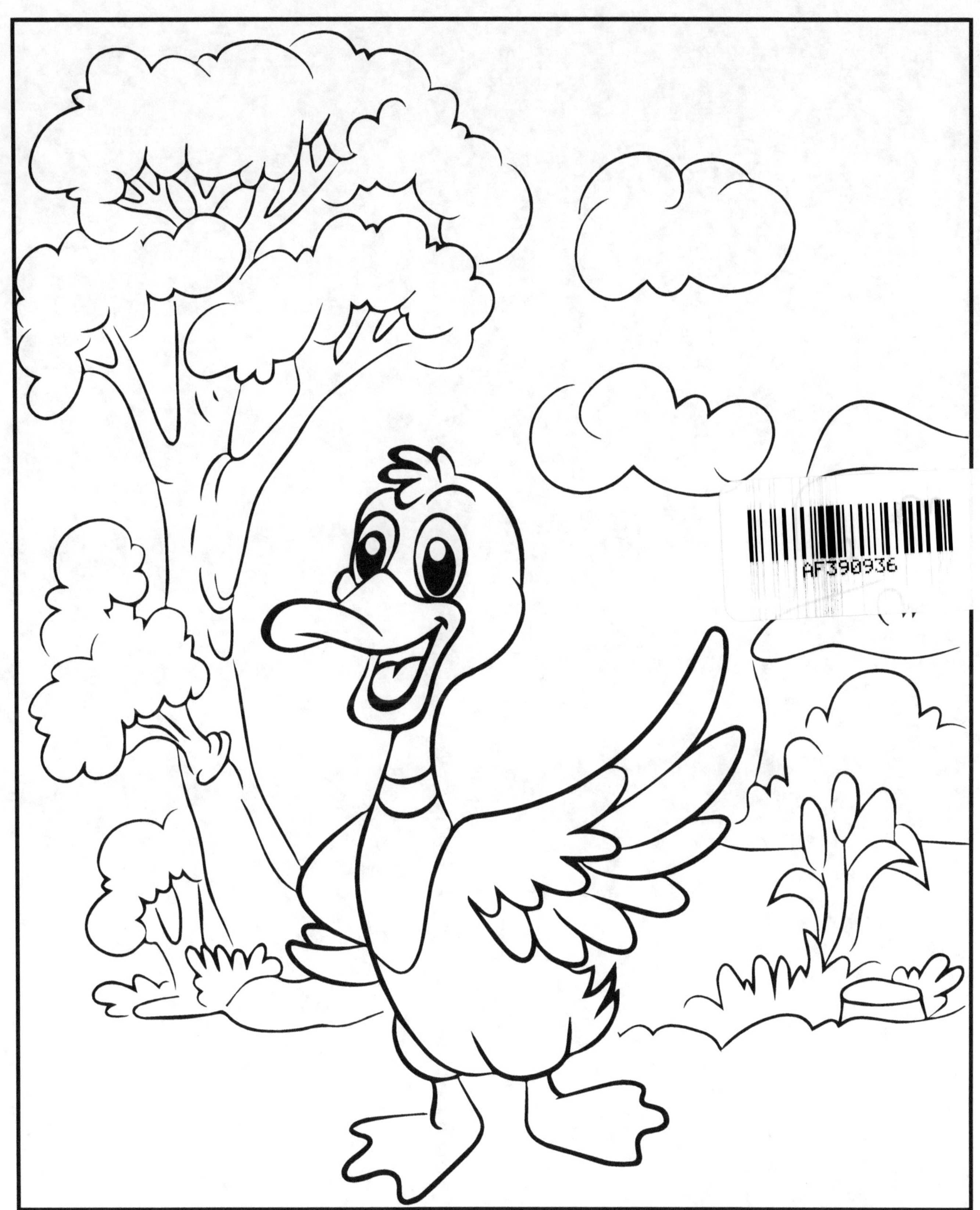

AF390936

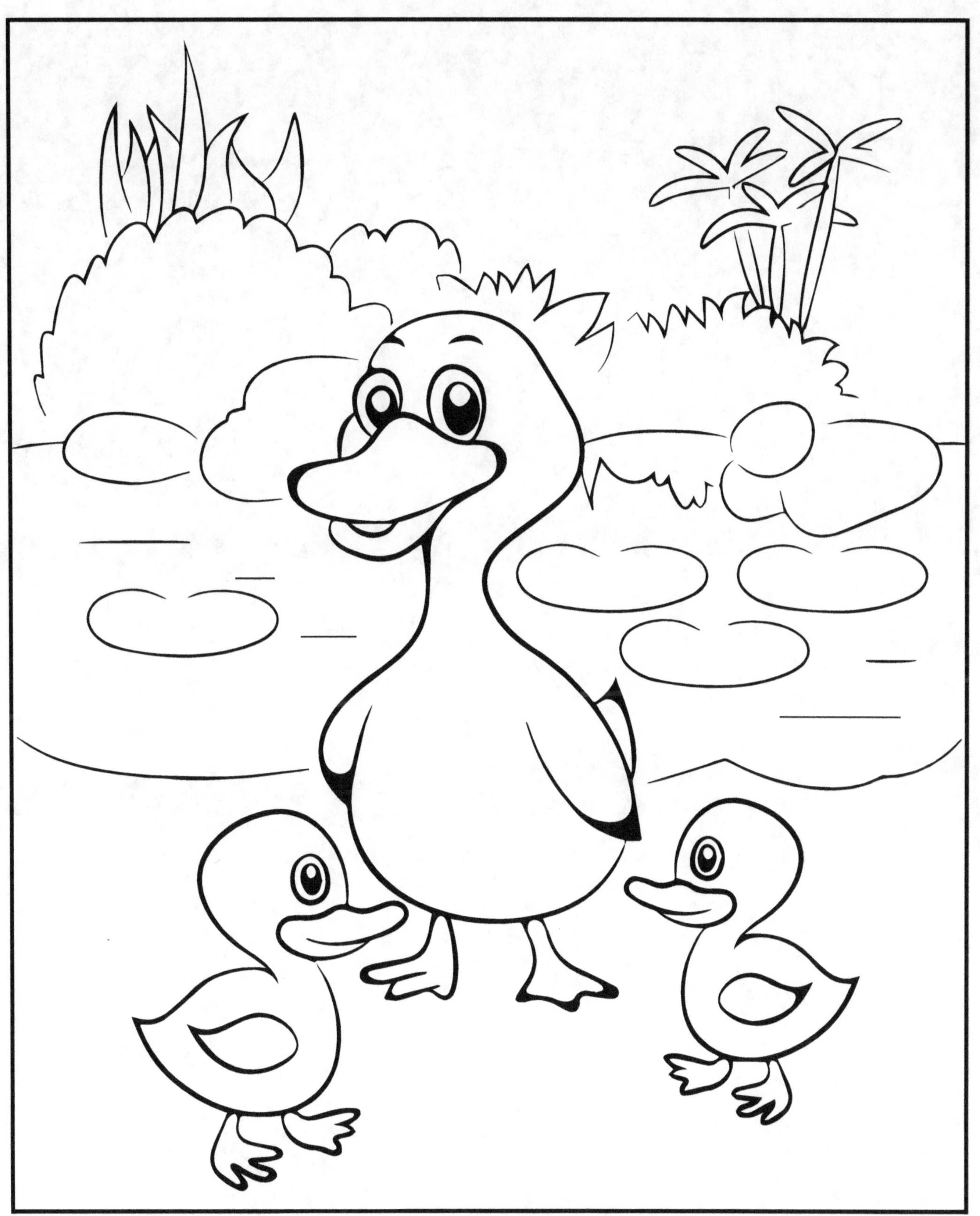

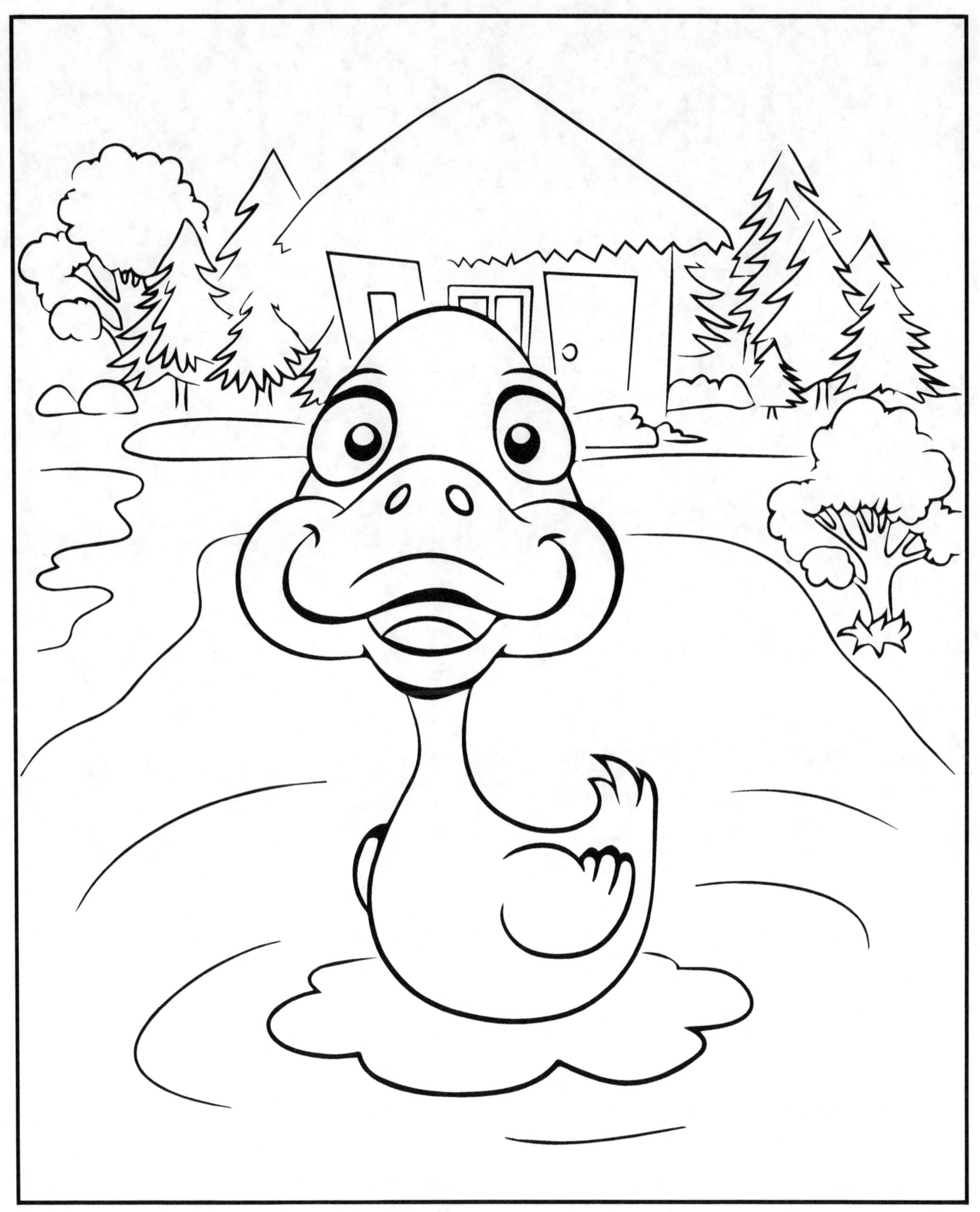

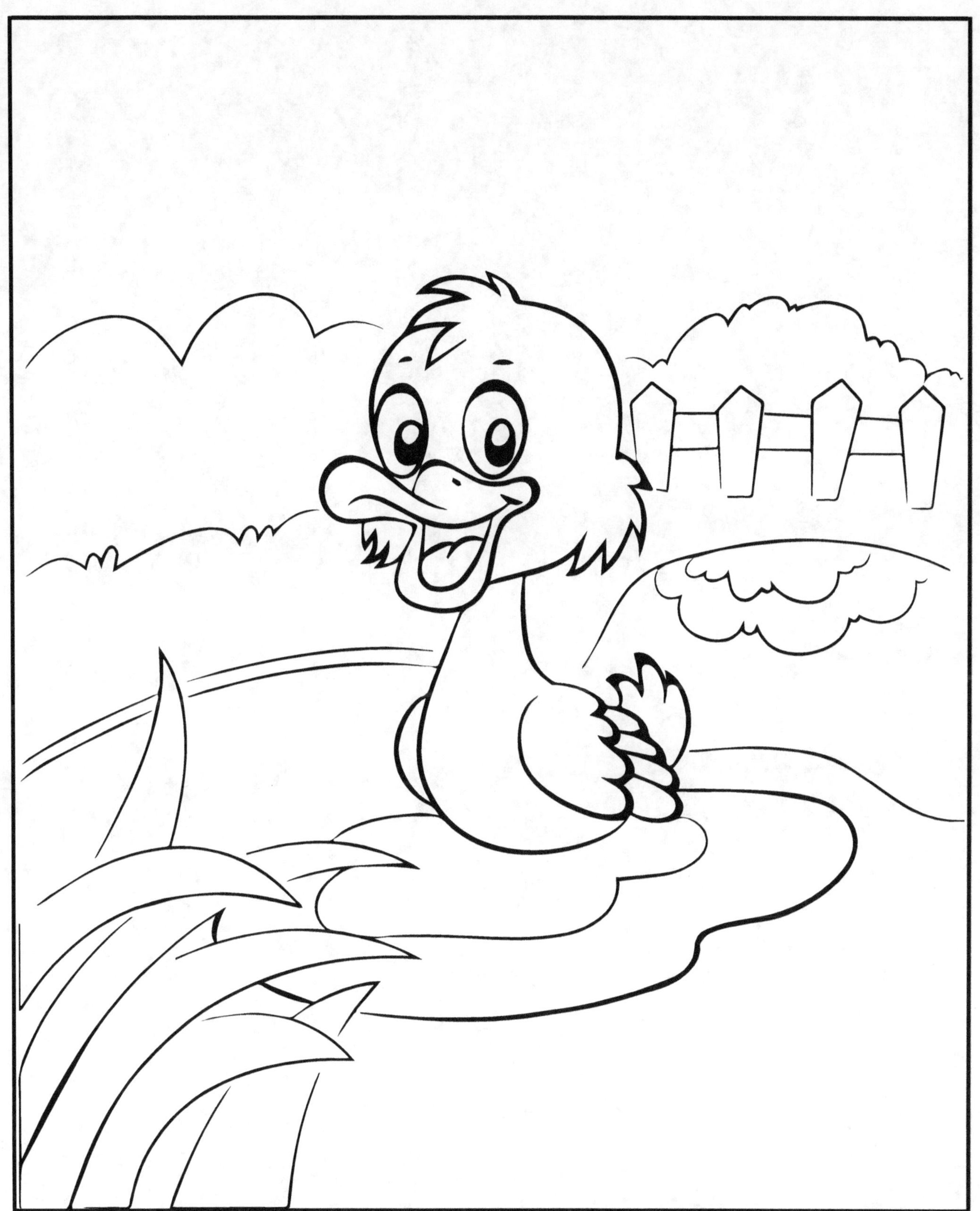

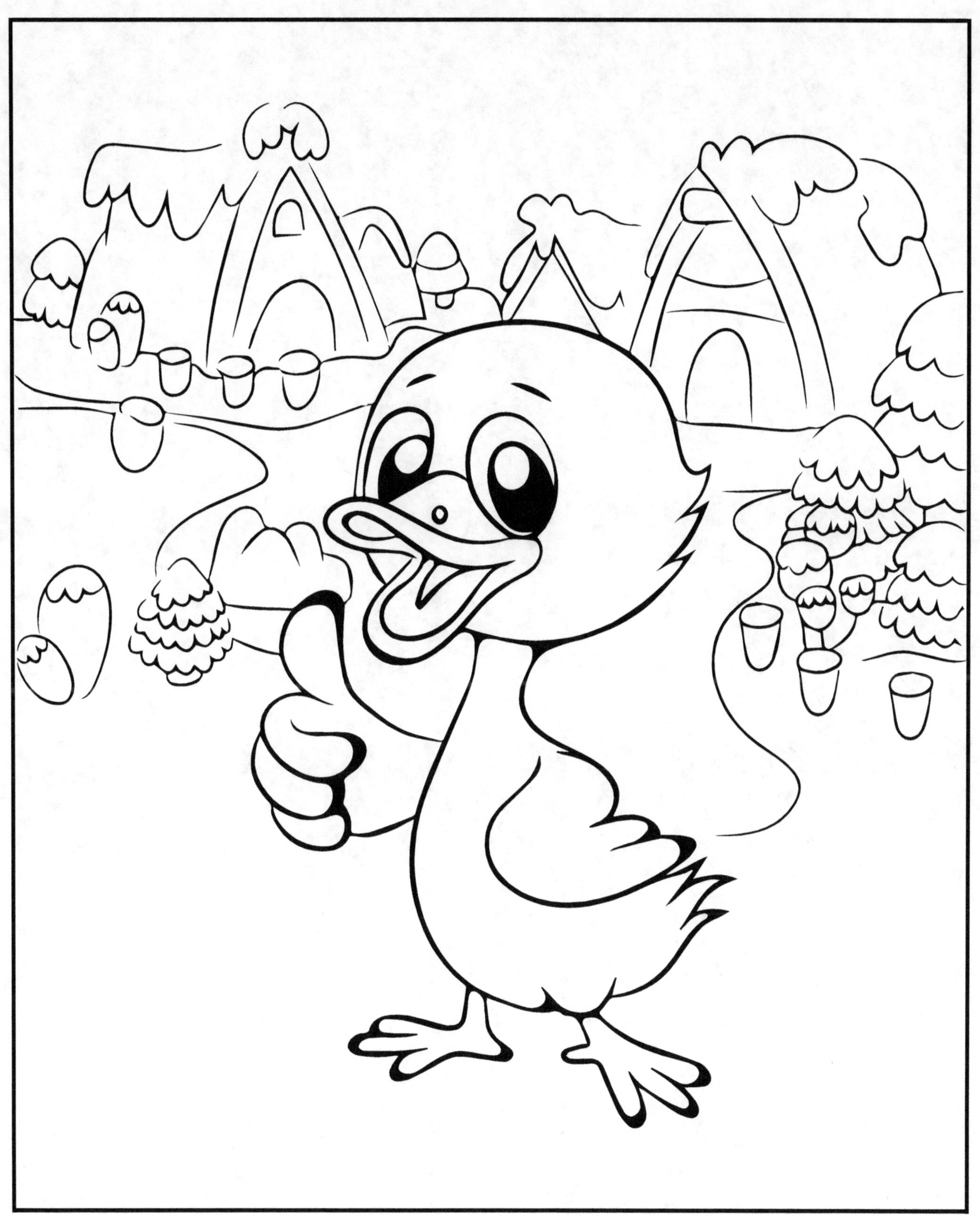

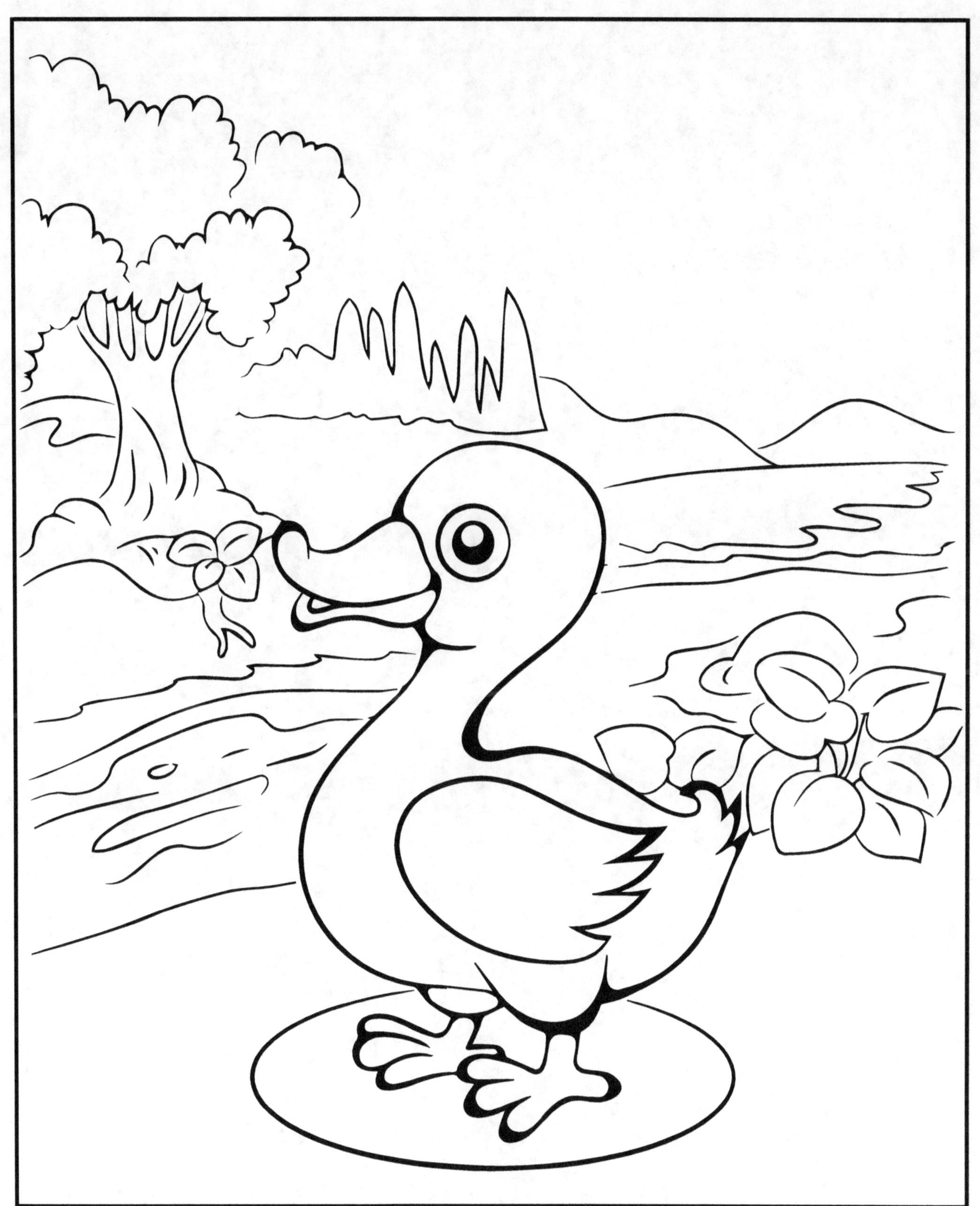

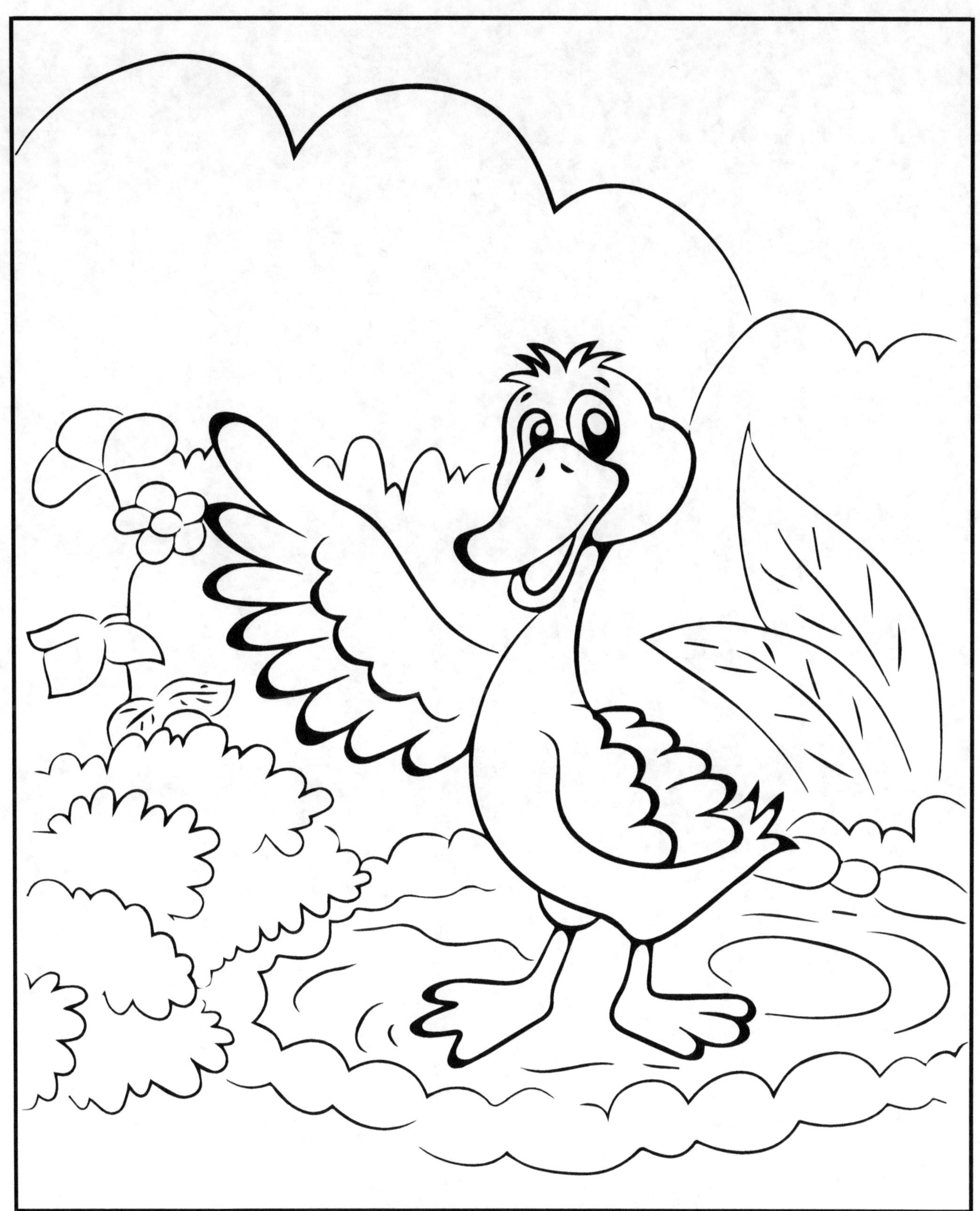

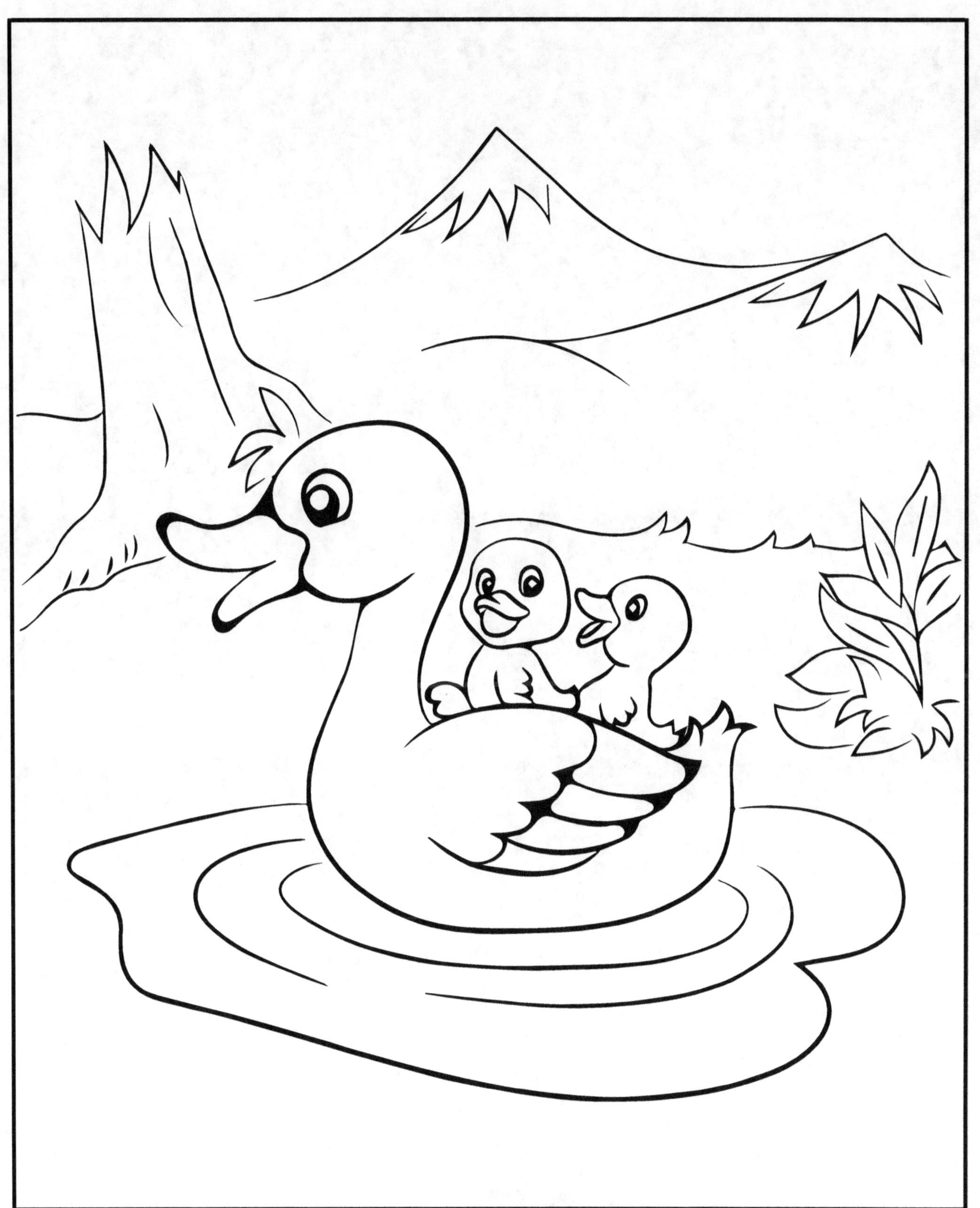

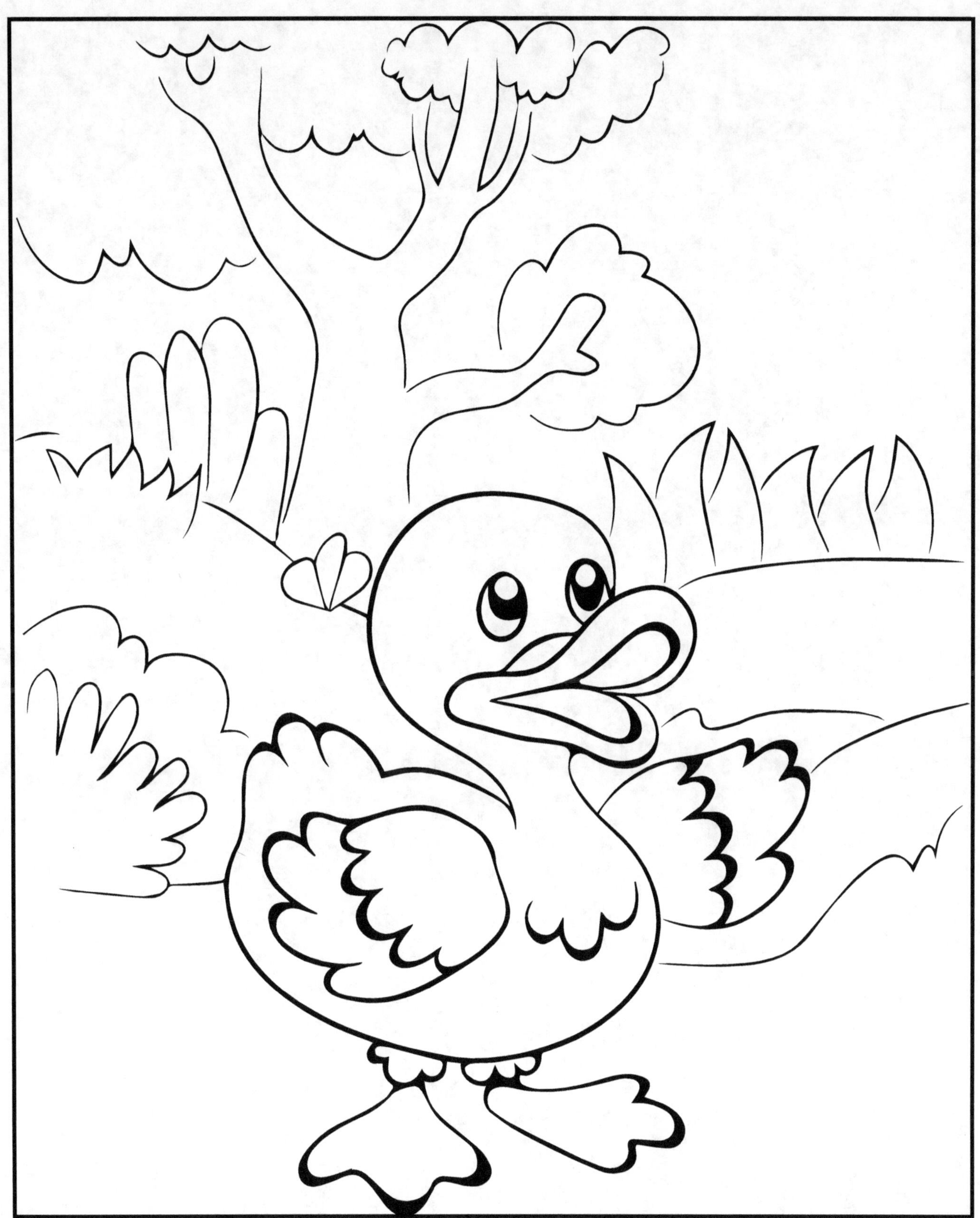

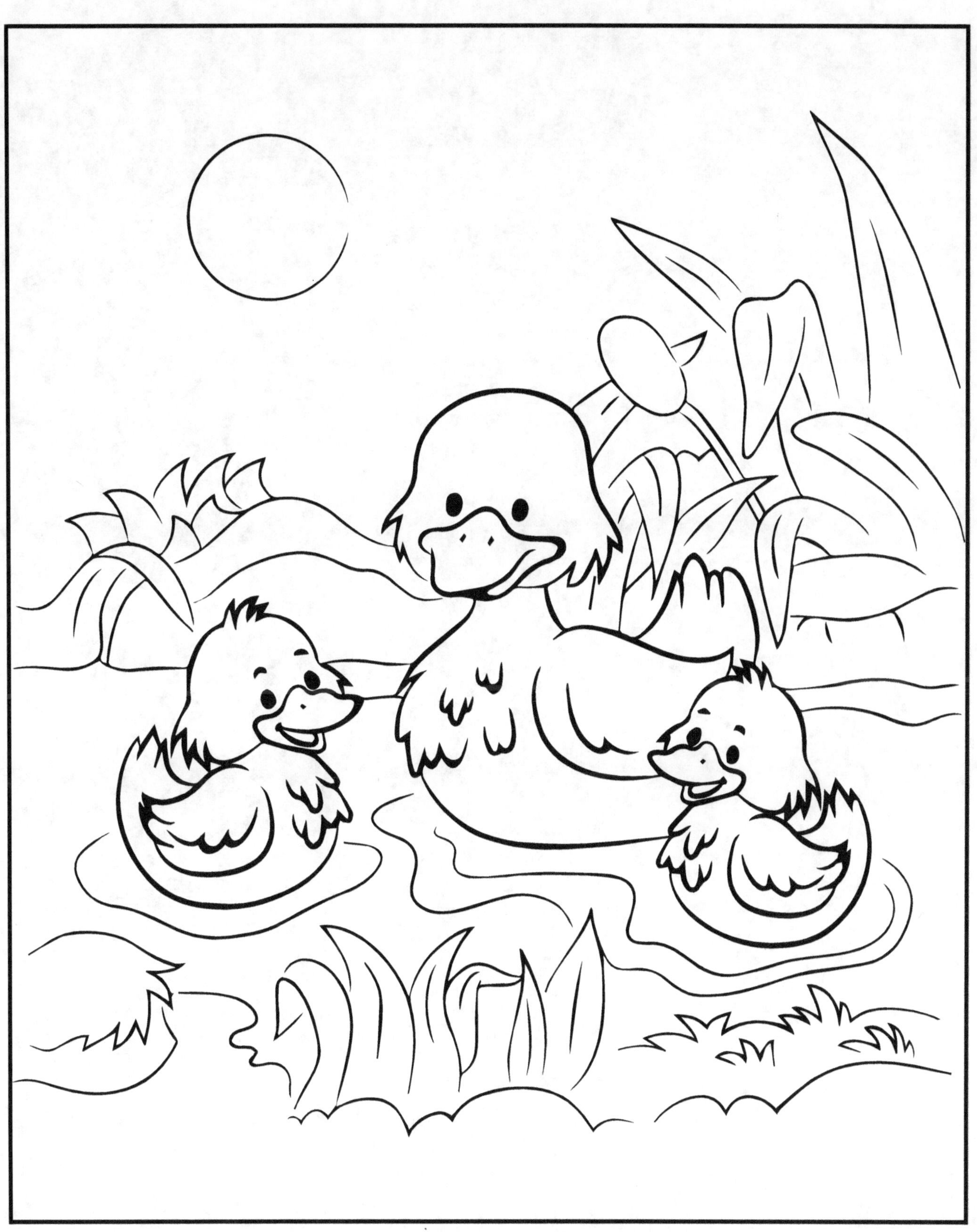

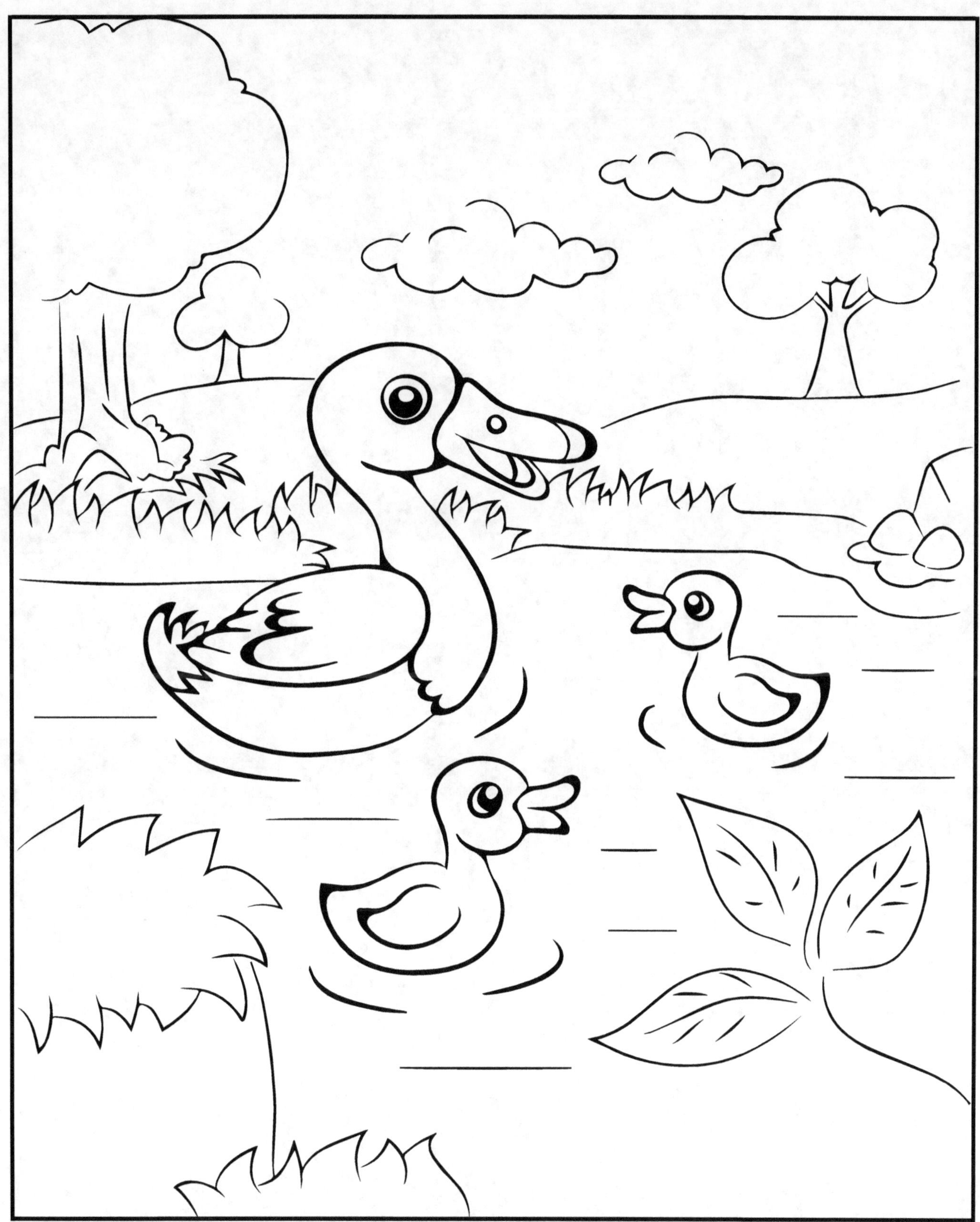

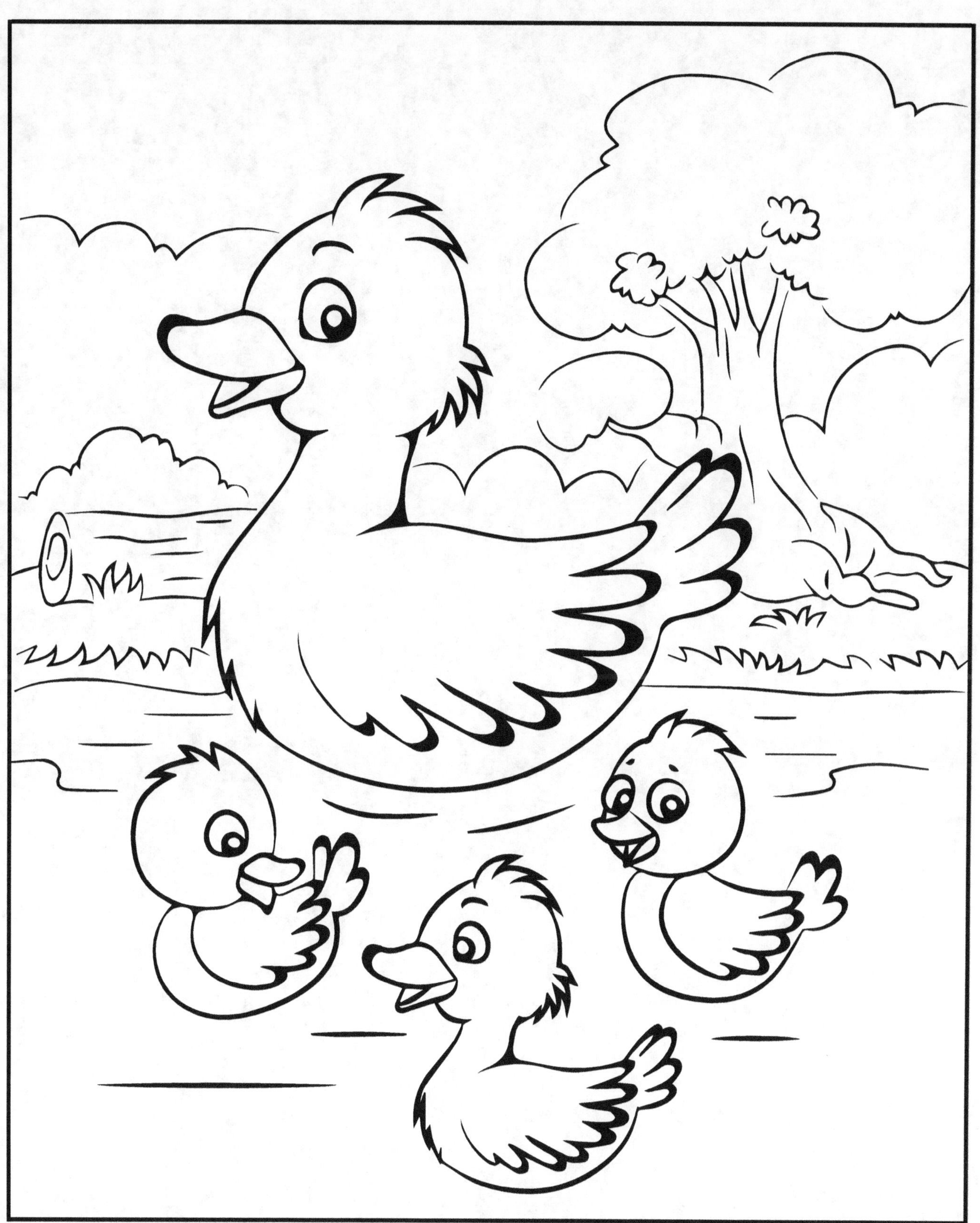

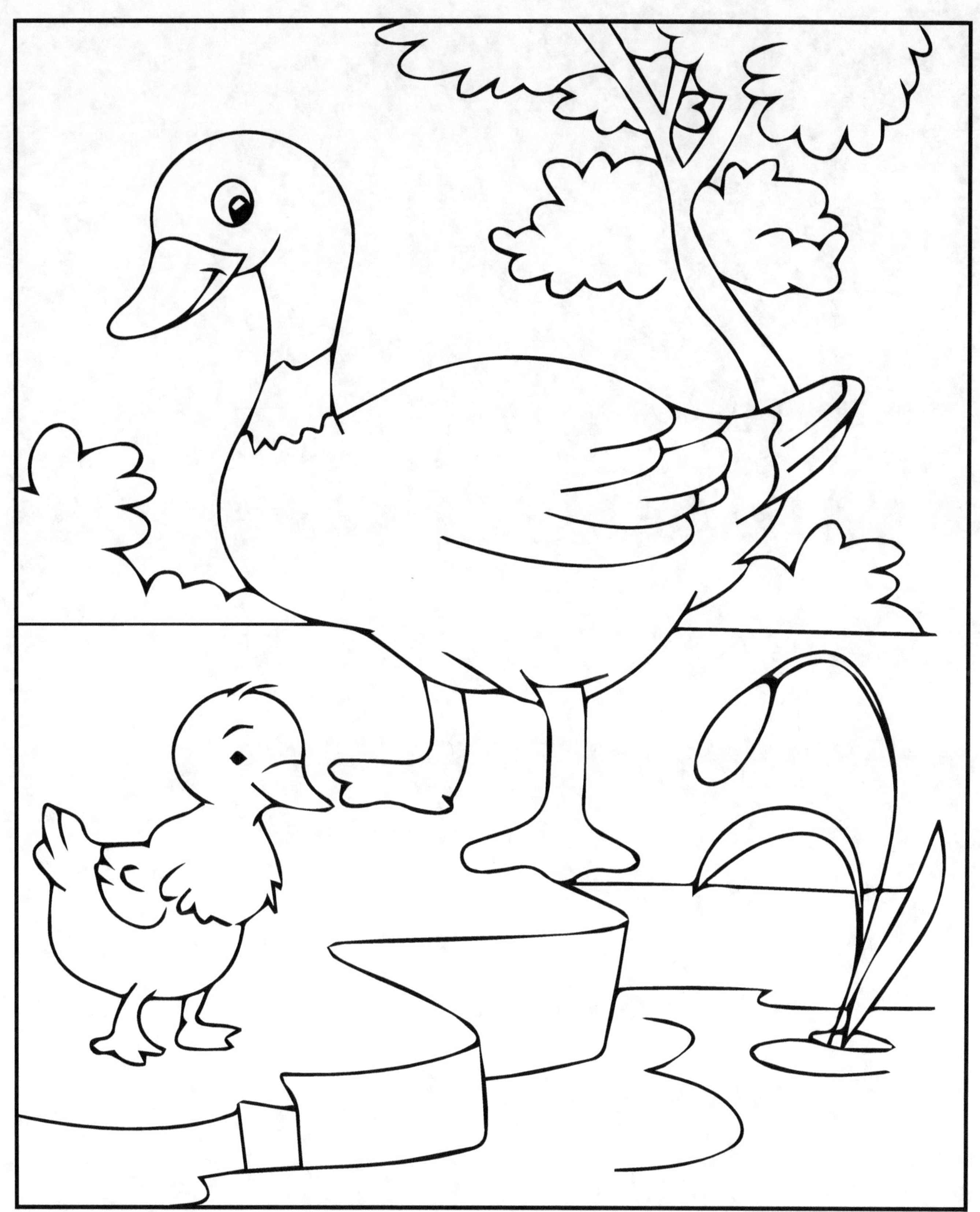

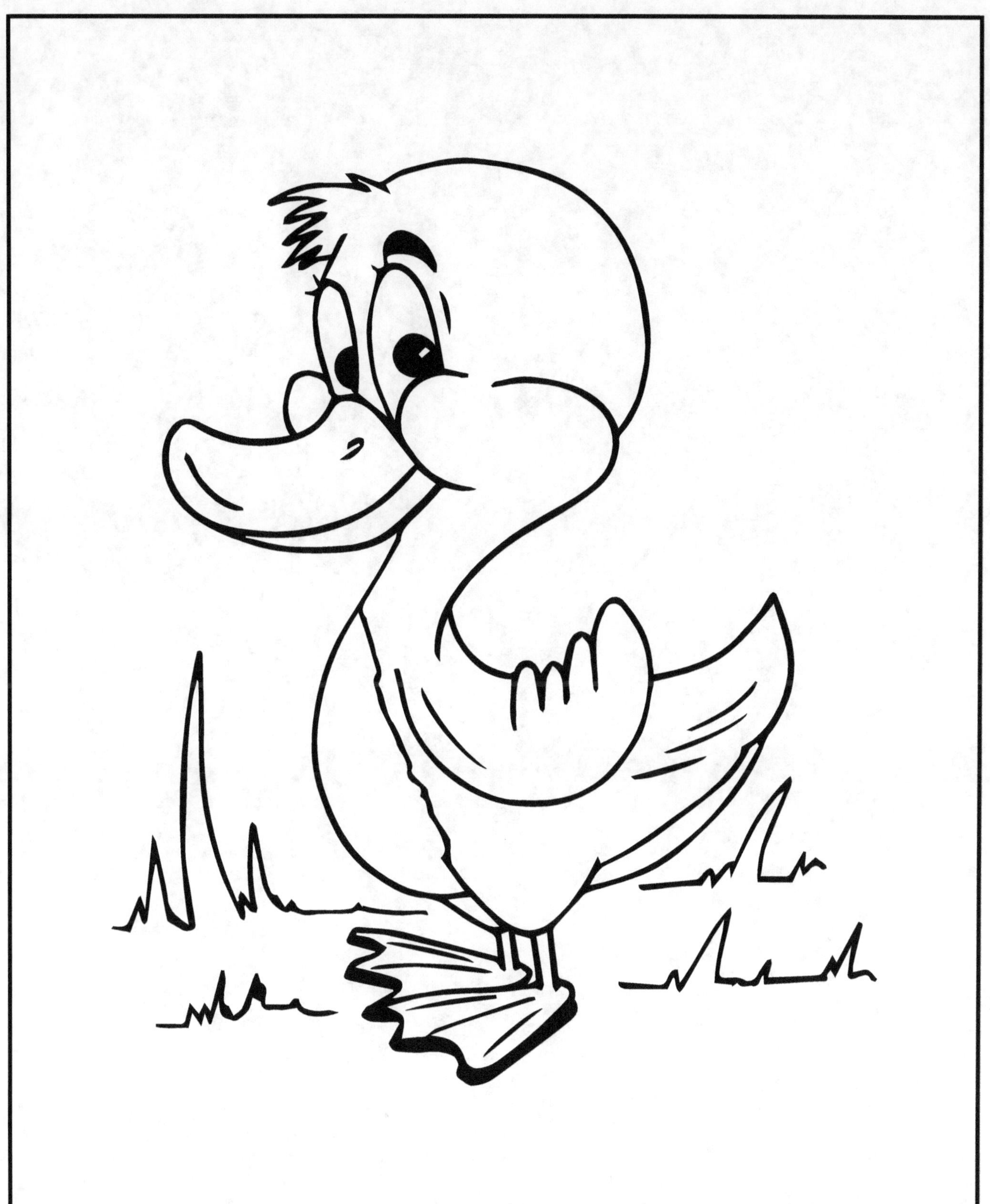

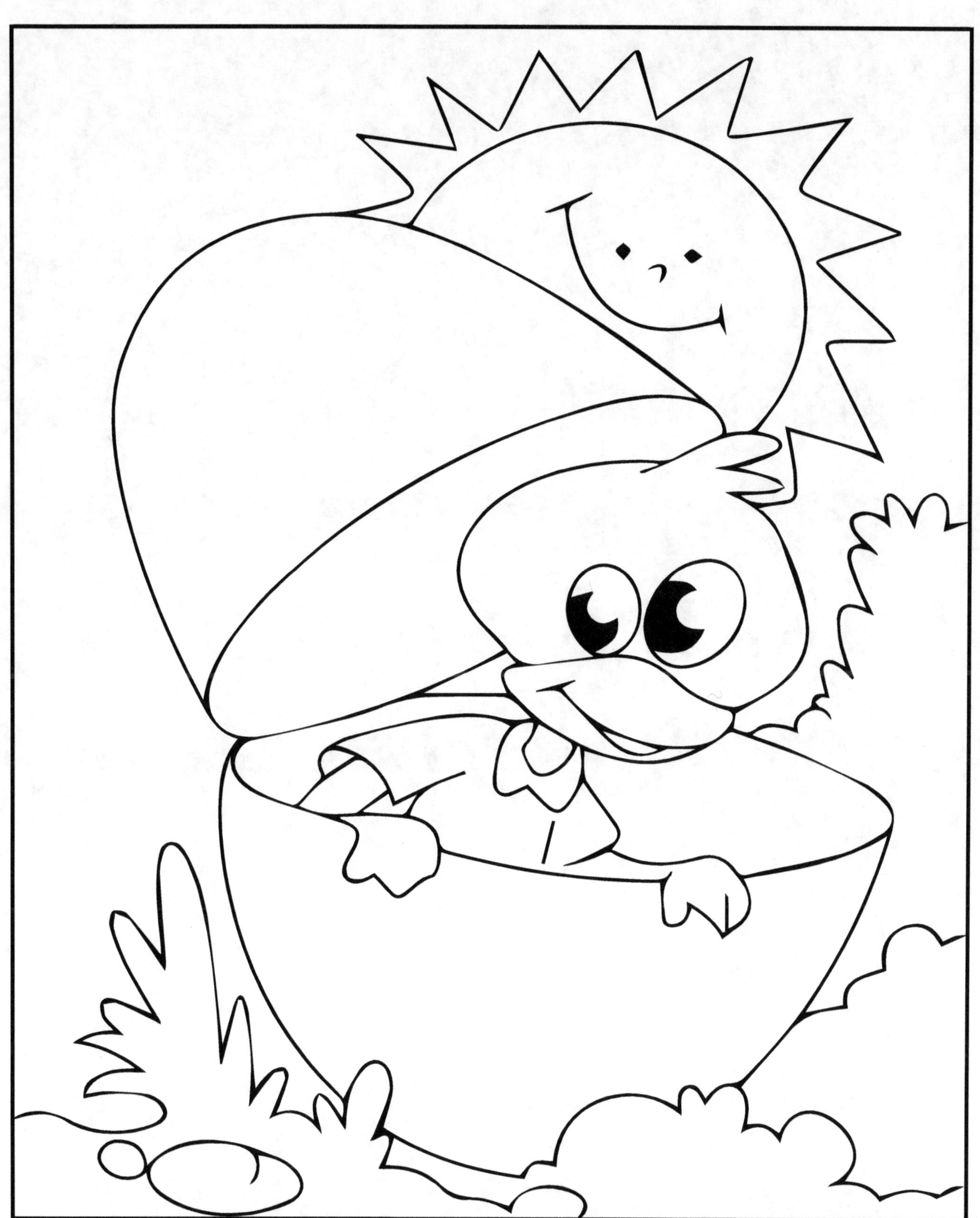

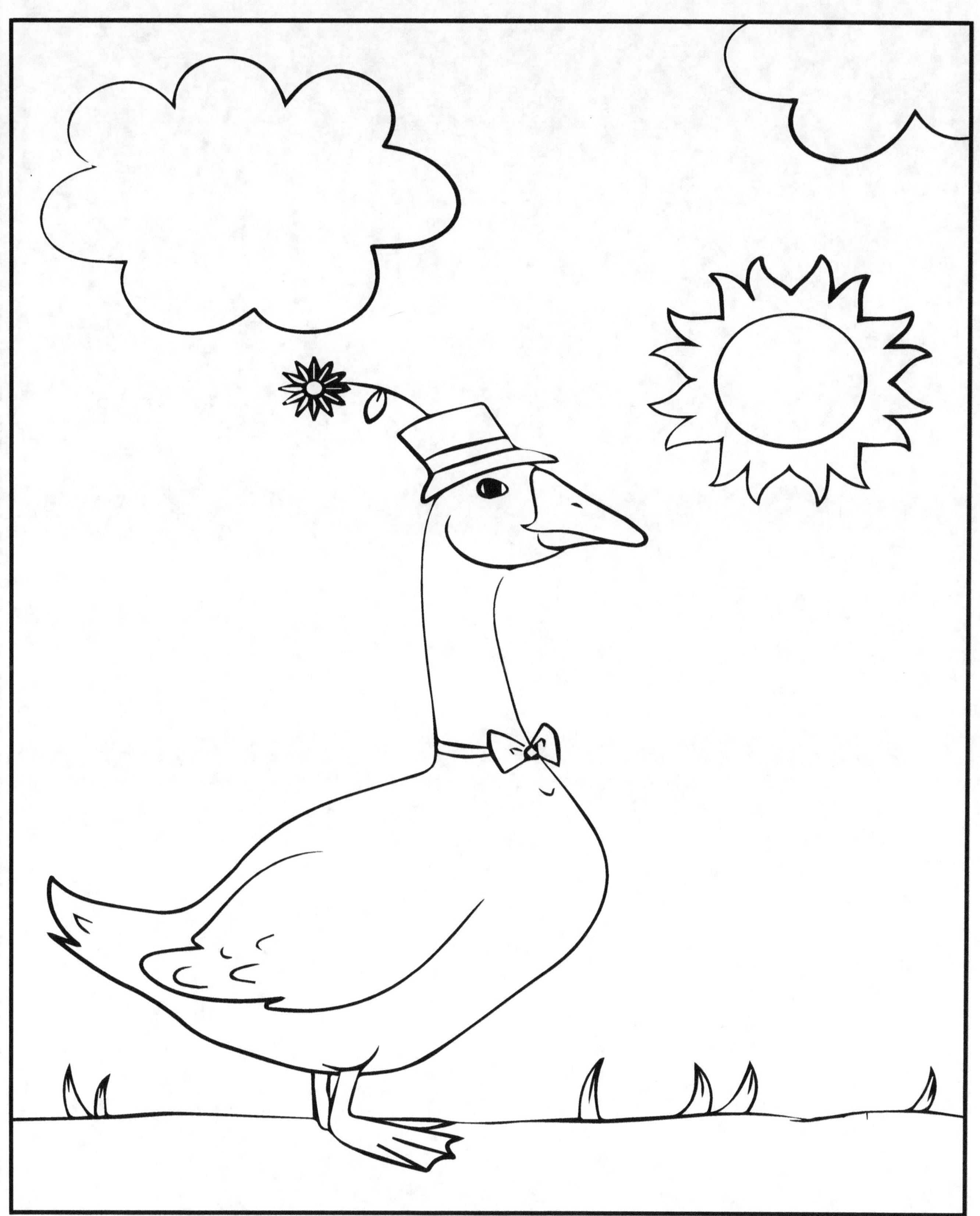

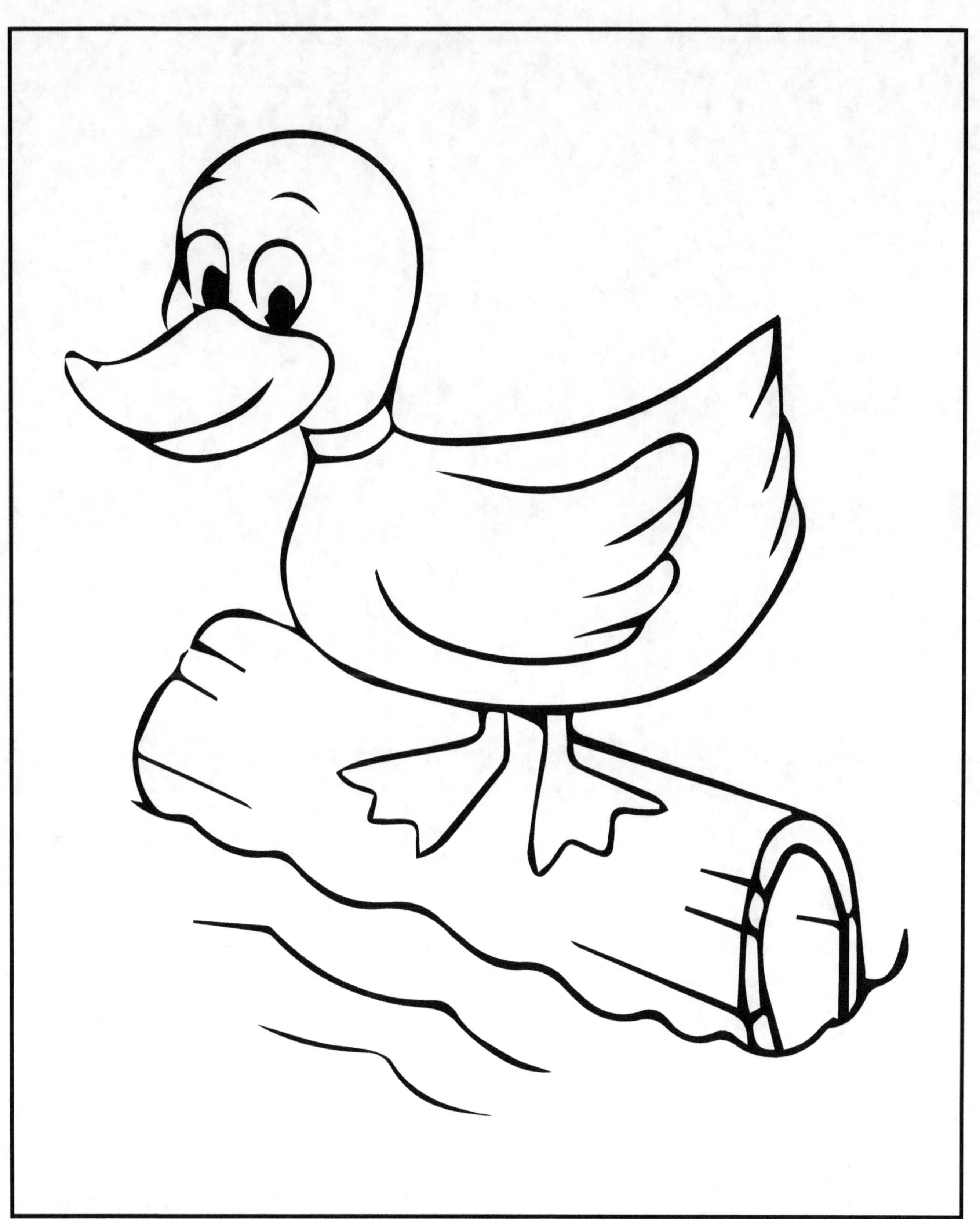

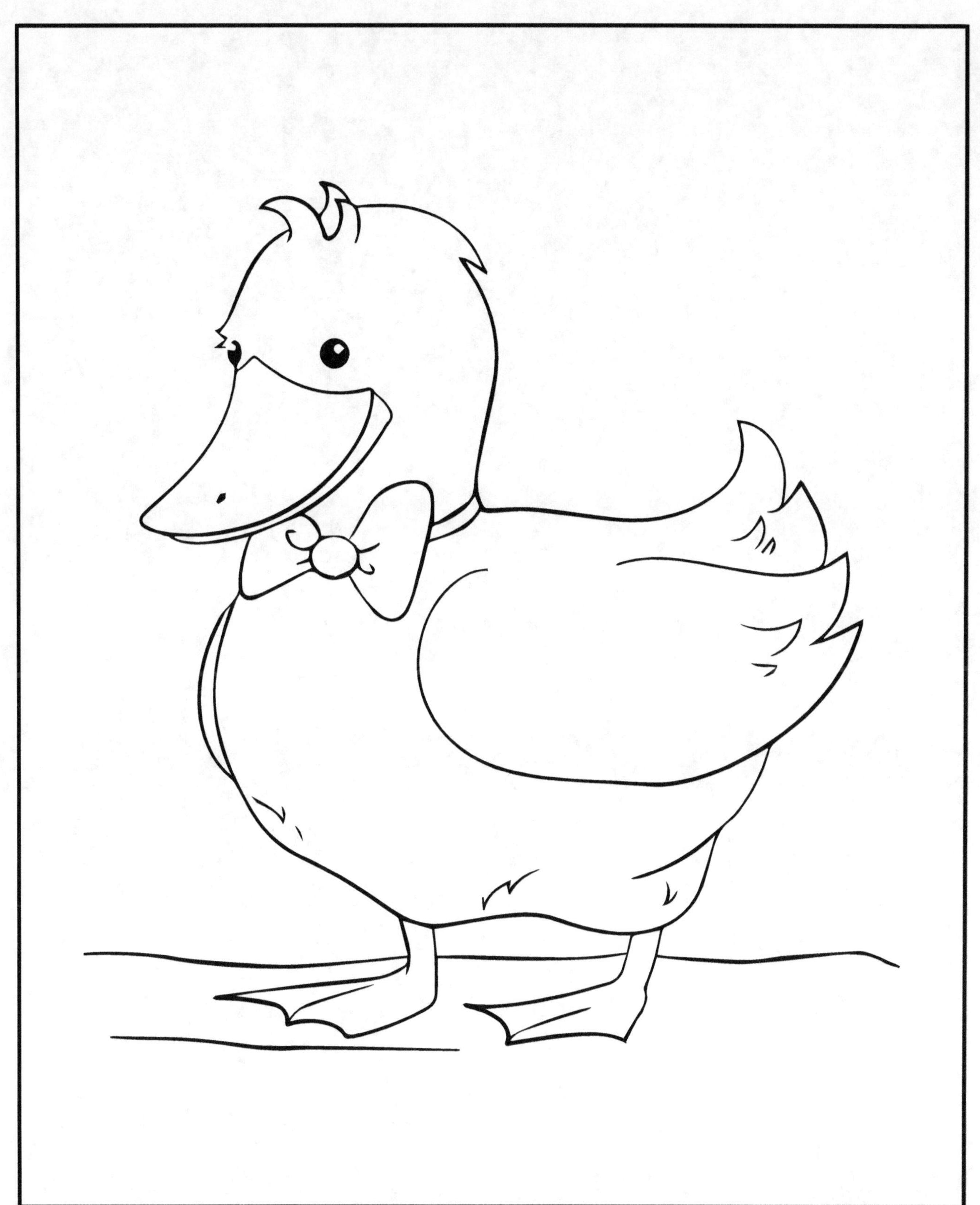

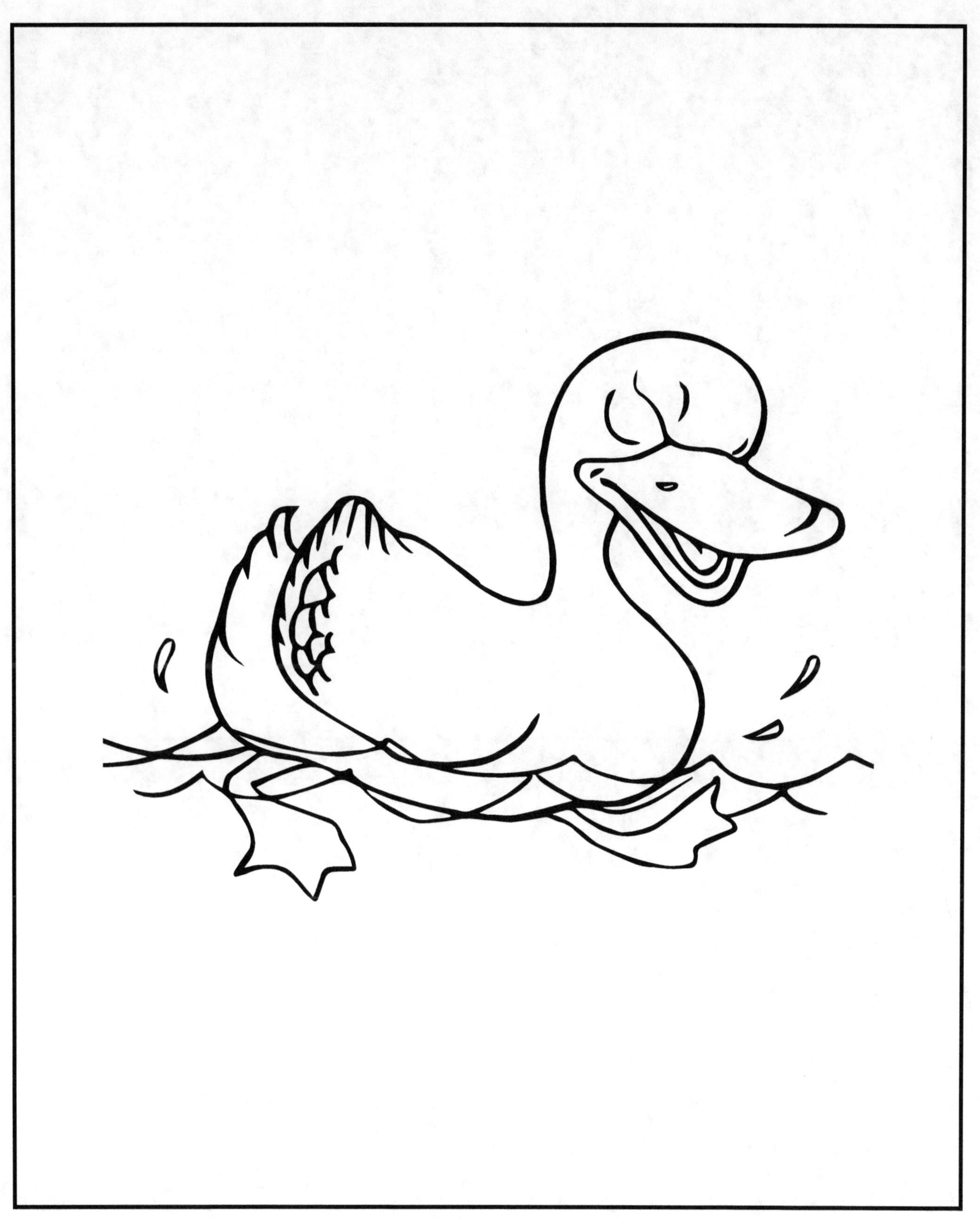

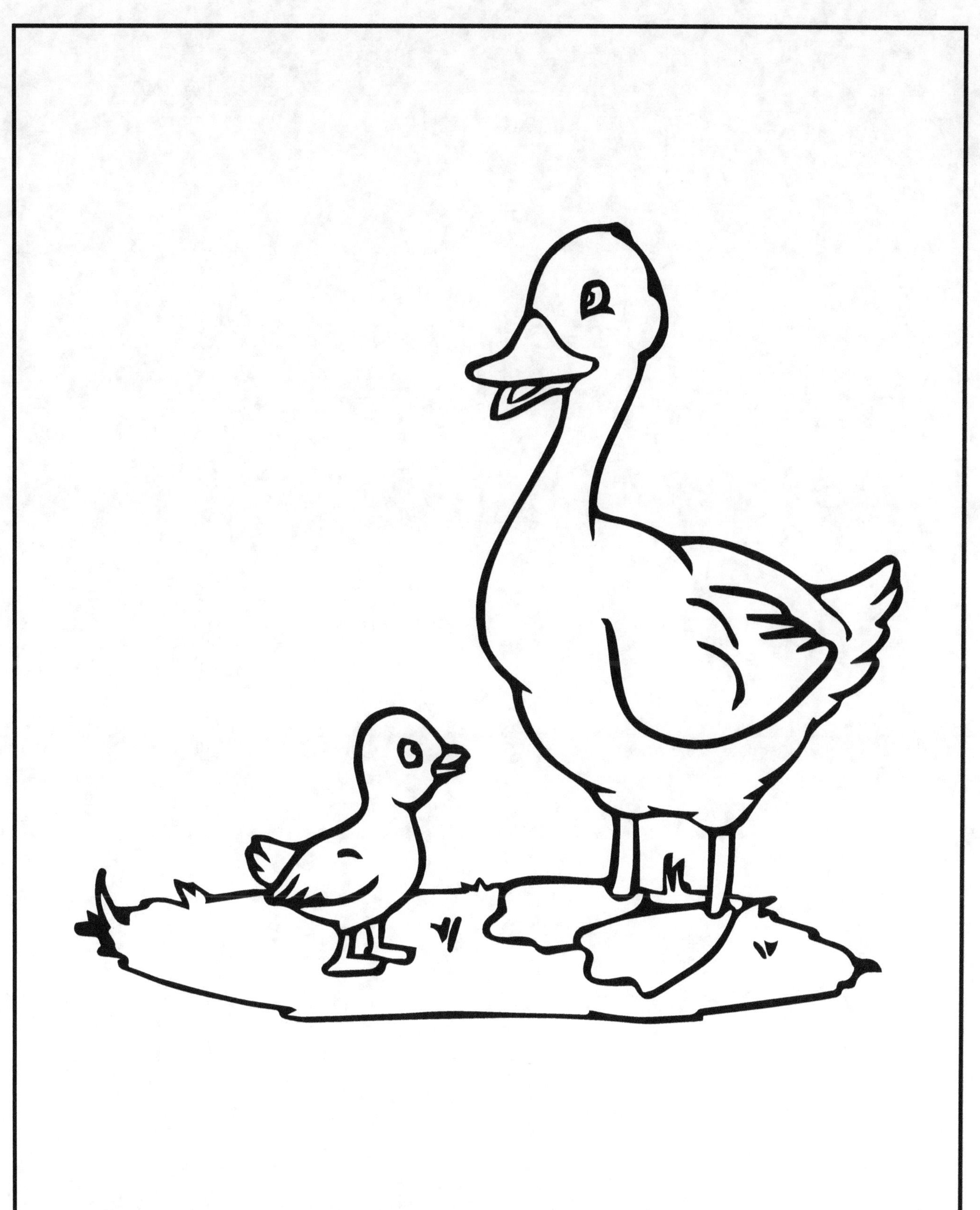